AF337601

HOMMAGE
A LA FRANCE,

DANS SES TROIS POUVOIRS LÉGISLATIFS,

DE LA SOLUTION COMPLEXE

des 5 p. 0/0.

IRRÉDUCTIBLES, MAIS REMBOURSABLES SANS EMPRUNT,

ET D'UNE

BANQUE NATIONALE D'AGRICULTURE,

AVEC

Un fonds de 600 millions de suite, et progressif jusqu'au chiffre du Grand-Livre.

« Qui que vous soyez, voulez-vous avoir
« de grandes idées et faire de grandes choses?
« Croyez! ayez une foi religieuse et patrio-
« tique. »   (VICTOR HUGO.)

PRIX : 10 CENTIMES.

PARIS,

CHEZ TOUS LES LIBRAIRES AU PALAIS-ROYAL.

De 89 à 1845.

Impr. de P. Dupont, à Paris.

AVERTISSEMENT.

Pour encourager à la lecture complète de ses observations, l'auteur doit l'avertissement de sa spécialité commune à bien d'autres, sur la question complexe des 5 p. 0/0 et d'une Banque nationale d'agriculture. Il a été aux armées agent principal des finances et des subsistances, ces deux choses dont se compose uniquement la question.

Si l'on reconnaît, avec le chevalier Petit, ancien inspecteur général des finances et directeur du contrôle central du trésor, que l'auteur a été heureusement inspiré, ce sera une partie de l'acquittement de la Corse envers la généreuse France dont elle veut rester éternellement la digne fille adoptive.

SUR LES 5 P. 0/0.

QUESTION.

1. Quel serait le mieux dans l'intérêt de la France?
Ou la réduction des 5 p. 0/0 par la conversion;
Ou le remboursement facultatif du capital de cette rente à sa valeur nominale de 100 francs, avec une condition facultative aussi, pour les rentiers, créant aussitôt la Banque nationale d'agriculture avec un fonds de 600 millions?

RÉPONSE.

2. Nul doute que la France n'ait le droit bien légitime de rembourser le capital nominal de toutes les rentes qu'elle doit.

3. Nul doute aussi que la dépréciation du numéraire n'assure aux ministres la faculté de réduire de 20 p. 0/0 le revenu des propriétaires des 5 francs de rente, c'est-à-dire de les faire convertir en 4 p. 0/0,

puisque les derniers 200 millions viennent d'être empruntés à 3 1/2 p. 0/0.

4. La conversion serait donc infaillible! mais cette réduction forcée, ne serait-elle pas la banqueroute? Et une fois entré dans cette voie des réductions, où s'arrêterait-on? Il n'y aurait plus ni confiance, ni sécurité.

5. Ainsi, point de conversion, point de réduction. La chambre des pairs a déjà refusé trois fois la réduction et la conversion des 5 p. 0/0, elle ne se déjugera pas; ainsi la chambre des députés tuerait encore le temps en discussions inutiles, si elle s'occupait d'une autre loi que d'une loi de remboursement.

6. Le remboursement facultatif des 5 p. 0/0 irréductibles serait ce qu'il y aurait de mieux pour procurer la plus grande richesse réelle de la France.

7. La France manque d'un établissement de banque nationale d'agriculture. Tous les économistes avec Adam Smith, avant et après lui, ont toujours dit qu'une banque d'agriculture était le problème insoluble. Ce problème sera résolu, si, à l'occasion du projet de conversion de la rente, on peut démontrer combien il sera facile aux trois pouvoirs législatifs de procurer de suite un fonds de 6 à 800 millions, sans aucune augmentation d'impôt, pour l'établissement d'une Banque nationale d'agri-

culture, pouvant faire des avances à l'agriculture aux plus longs termes.

Voici comment :

8. La loi du remboursement facultatif des 5 p. 0/0 exprimerait aussi une condition facultative, pour les propriétaires de cette rente. Elle dirait que ceux-là qui consentiraient à faire partie d'une Banque nationale d'agriculture, pour le cinquième de leur rente, seraient remboursés après la rente des 3 p. 0/0.

9. Ce cinquième de leur rente devant rester également leur propriété, pour être employé en prêts secourables à l'agriculture, on demande s'il y aurait un seul rentier sérieux de l'État, qui préférerait recevoir 100 francs de sa rente, pour ne pouvoir plus les placer qu'à 3 p. 0/0 ou à 3 1/2 taux du dernier emprunt ?

10. Eh bien! d'après ce consentement assuré de tous les propriétaires sérieux de 5 p. 0/0 au projet de remboursement facultatif et de Banque nationale d'agriculture, le fonds de celle-ci ne s'élèverait-il pas de 6 à 800 millions ?

11. Les propriétaires de 5 p. 0/0, consentants, ne devant plus être remboursés qu'après les 3 p. 0/0, leur rente s'élèverait aussitôt à 150 francs et progres-sivement jusqu'à 200 francs et plus. Mais ne parlant

que du présent, le cinquième des 140 millions de rentes 5 p. 0/0, payés annuellement par le trésor, ce cinquième, soit 28 millions, ne vaudrait-il pas de suite de 6 à 800 millions réalisables, au fur et à mesure des besoins de la Banque ?

12. Elle ferait construire des silos, des magasins pour y recevoir les produits du sol, susceptibles de conservation.

13. Elle prêterait sans intérêts à l'agriculteur, sur le dépôt de ses produits susceptibles de conservation, dans ses silos, ses caves et ses magasins. Elle serait indemnisée de ces prêts par une part du bénéfice, dans les ventes aux moments favorables, pour le plus grand avantage de l'agriculteur.

14. Elle ferait rayer, par des prêts à intérêt minime, les hypothèques onéreuses. La loi exprimerait que ces hypothèques, qui ont déjà payé le droit d'enregistrement, seraient transférées sans frais à la banque. Ainsi, l'agriculture trouverait les capitaux nécessaires pour améliorer les instruments, faire des essais de culture, accroître la quantité d'engrais et arrêter le fléau des inondations.

15. L'auteur du projet de la Banque nationale d'agriculture n'avait d'abord en vue que les réserves de blé, dans les années d'abondance, pour se précautionner contre les mauvaises années et éviter les fortes exportations de notre numéraire, pour des

secours de peu d'importance qui coûtent alors très-chers et n'arrivent presque jamais à temps.

16. Les réserves de blé seront toujours le principal objet de la Banque ; mais il fallait aussi la conviction en France, que le blé peut se conserver dans les silos, durant des années, dans le meilleur état, à des frais très-minimes et sans le moindre déchet : personne n'en doute aujourd'hui.

17. La Banque nationale d'agriculture ne fait pas le commerce. Elle met en réserve à des prix fixés par ses statuts, de même qu'elle est obligée de livrer aux consommateurs et non aux spéculateurs, les denrées, lorsqu'elles atteignent un certain prix, dans les mauvaises années, afin d'empêcher les accaparements, qui ont lieu principalement alors.

18. Elle met en mouvement, par des signes représentatifs, toutes les denrées qu'elle met en réserve, lesquelles sont malheureusement comme aujourd'hui des valeurs inertes dans les greniers et dans les caves.

19. Les signes représentatifs des denrées que la Banque met en réserve sont payables au porteur à Paris et dans les départements, si le privilége de la Banque de France ne s'y oppose pas. Ils rapporteraient chaque jour un intérêt dont le chiffre serait inscrit au dos de chacun, depuis le 1er janvier jusqu'au 31 décembre, de sorte que ces signes représentatifs seraient préférables souvent à l'or même

qui ne rapporte rien à son porteur ou en caisse.

Peut-être trouverait-on bien par la suite de faire jouir de cet avantage : *payable au porteur,* les déposants aux caisses d'épargne, si ces caisses formaient une division de la Banque centrale et de ses 86 succursales. Et, puisque ces caisses d'épargne ont pour commissaires-surveillants les plus notables des lieux où elles sont établies, pourquoi ne seraient-elles pas elles-mêmes les succursales de la Banque centrale d'agriculture ?

20. Une loi de réduction offrirait une économie de 28 ou 14 millions ; mais comme elle serait faite sur des consommateurs habitués à dépenser tout leur revenu, le fisc ne perdrait-il pas d'un côté ce que le trésor gagnerait de l'autre ? Partant pas d'économie.

21. Mais la Banque garantirait au trésor un revenu supérieur à celui existant sur les consommations. C'est-à-dire qu'on établirait le terme moyen du produit des contributions indirectes, depuis 1830, et que, si ce terme moyen était de 750 millions, il faudrait que le chiffre de ce produit, un an après l'institution de la Banque, fût non-seulement de 750 millions, mais encore de 14 ou 28 millions dont le trésor aurait bénéficié sur le rentier par la conversion. La Banque, en donnant cette garantie, n'aurait rien à risquer, parce qu'elle augmenterait considérablement les revenus indirects.

22. En effet, ne pouvant plus rien demander à l'impôt arrivé à sa dernière limite, il faut, par de

nouveaux travaux productifs, augmenter les affaires, la consommation et les revenus publics, de telle sorte que l'impôt deviendrait comme l'atmosphère, un fardeau qu'on porte et qu'on ne sent pas.

23. La seule économie réelle à faire, et beaucoup plus considérable, serait, il semble, la suppression totale du fonds d'amortissement, cette pompe aspirante, dont les filets d'or retombent toujours dans les mêmes mains auxquelles nous fournissons ainsi les moyens de nous prêter notre argent.

24. Où donc l'agriculture trouvera-t-elle les capitaux qui la feraient prospérer?

25. Tous les petits capitaux attirés par les gros se fondent en actions, dans les grandes entreprises, sous l'appât de gros bénéfices; de sorte qu'il n'y a plus, pour ainsi dire, que la caisse hypothécaire qui prête à l'agriculture à l'intérêt de 7 p. 0/0 par an; et quand on songe que la dette hypothécaire s'élevait déjà, en 1843, à 11 milliards, à vingt fois l'impôt foncier d'une année, n'y a-t-il pas là de quoi gémir pour des cœurs vraiment français? Dans quelles plus fortes mains le territoire se trouve-t-il? Dans celles des indigènes ou dans celles des étrangers?

26. Il ne suffit pas de gémir d'un aussi terrible état de choses pour la France; il faut y trouver un remède; et nous l'avouons dans toute la sincérité de notre âme : nous ne voyons pas d'autre moyen de

salut, que dans la création d'une Banque nationale d'agriculture, par les propriétaires de 5 francs de rente, avec un fonds de 6 à 800 millions, aussitôt que la loi aurait prononcé qu'ils ne seraient remboursés qu'après les 3 p. 0/0.

27. Espérons donc une parfaite solution du problème de la Banque nationale d'agriculture par les 5 p. 0/0 *irréductibles et remboursables sans emprunt*, à leur valeur nominale, avec la condition facultative que nous avons dite pour le rentier.

28. Personne ne serait froissé dans son intérêt personnel, si les propriétaires des 5 p. 0/0 n'étaient remboursés qu'après les 3 p. 0/0, à la condition qu'ils contribueraient à la création d'une Banque nationale d'agriculture pour faire sortir le remède du mal même, comme a dit Napoléon, d'après Mérilhou.

29. Qui aurait à se plaindre, quand il n'y aurait plus un seul être en France, dont le sort ne serait amélioré par la mise en mouvement de cette Banque nationale d'agriculture, qui, bientôt, établirait partout des maisons providentielles d'asile, pour les travailleurs des champs devenus invalides?

30. La Banque, tout en accordant des secours pour ainsi dire sans limite à l'agriculture, aura-t-elle des profits? Oui, sans doute, elle en aura, et même de bien importants, par un système de rotation devenant toujours plus favorable à l'agriculture.

31. S'il en est décidé ainsi, les profits de la Banque, excepté une petite distribution faite tous les ans aux rentiers, resteront cumulés dans ses caisses, jusqu'à ce qu'ils atteignent le chiffre du grand livre, pour en être la meilleure garantie : alors, et seulement alors, l'intérêt considérable de ce chiffre et tout son excédant serait partagé aux rentiers annuellement et proportionnellement à la somme de leur cinquième.

32. Nous voudrions bien un triomphe absolu, quoique celui-ci serait la mort, a dit le plus aimable écrivain du siècle. Mais nous poursuivrons la question dans ses plus fâcheuses hypothèses, et peut-être finirons-nous dans cette lutte du mouvement et de la résistance, qui est la vie, par mettre la Banque nationale d'agriculture, dans le même état d'enfantement des plus grandes choses, par l'effet de la confiance qui serait justement accordée à l'établissement le plus important qu'aurait jamais eu la civilisation, et le plus indispensable à l'agriculture française.

33. Supposons donc que les 5 p. 0/0 étant la rente la plus élevée ne soient pas admis à être remboursés après les 3 p. 0/0.

34. Qui empêcherait que la loi n'exprimât que les propriétaires de 5 p. 0/0 qui se feraient inscrire les premiers, pour faire partie de la Banque nationale d'agriculture, à raison d'un cinquième de leur rente, seraient remboursés les derniers parmi eux, et que

le remboursement n'aurait lieu que par nos économies et non par de nouveaux emprunts, excepté pour les propriétaires de cette rente qui ne consentiraient pas à contribuer à la fondation de la Banque nationale de l'agriculture?

35. Comme la preuve est là depuis des siècles, que nous ne pouvons pas faire des économies, et que l'impôt est arrivé à sa dernière limite, la certitude de la durée de la Banque, restera la même. On n'aura pas à craindre que son fonds social soit jamais remboursé par l'État, qui, voyant l'essor et le grand mouvement qu'elle donnerait aux affaires, se garderait bien de détruire lui-même le plus beau fleuron de son revenu et de sa puissance.

36. La France démocratique et pacifique appelle des trois votes précédents de la chambre des députés, pour la conversion, à la chambre de 1845 mieux renseignée. Et cette chambre-là marchera avec la France et avec le roi, qui n'a jamais voulu inscrire dans aucun de ses discours, la réduction du revenu d'une classe de propriétaires au profit des autres.

« Le sol français dort, faute de numéraire pour le
« réveiller ; la terre est là ; les bras sont là ; mais
« l'argent manque pour les féconder l'un par
« l'autre. »

(De Lamartine.)

APPENDICE.

37. Ce n'est pas l'auteur du projet qui a dit avoir résolu ce problème, c'est le chevalier Petit, ancien directeur du contrôle central du trésor, dont le mérite distingué était apprécié dans la haute finance, notamment de MM. les anciens ministres, comte Roy et Molien ; enfin, l'un des hommes les plus aptes à juger la question du grand intérêt matériel duquel dépendent tous les autres. Voici sa dernière lettre en date du 20 novembre 1838 :

A M. CORRADI COLLIÈRE, de Bonifacio.

38. J'ai apporté à la lecture du cahier que vous m'avez fait remettre ce matin toute l'attention qu'exigeait la haute question que vous y avez traitée.

Je ne puis que vous répéter ce que je vous ai déjà écrit, que vous avez résolu, suivant moi, le problème qui importe le plus aux intérêts matériels de la France.

Je vous dirai aussi, avec la même franchise, que je doute que la loi, qu'exige la mise en vigueur de la solution, soit rendue, parce qu'une longue expérience m'a rendu sceptique, et ne m'a que trop convaincu, que, dans ce siècle d'égoïsme et d'agiotage, le grand levier d'Archimède pourrait à peine renverser la masse d'intérêts privés qui fait contre-poids à l'intérêt public dont vous êtes un si zélé défenseur.

Agréez, etc.

Signé chevalier PETIT.

COPIE DE LA PÉTITION

DISTRIBUÉE AUX DEUX CHAMBRES,

le 16 avril 1845.

Messieurs les Pairs et les Députés,

39. La création d'une Banque nationale d'agriculture est indispensable si l'on veut que notre pays atteigne toutes les prospérités qui s'ouvrent devant lui. Mais elle est impossible à réaliser isolément de la solution des 5 francs de rentes, qu'il s'agirait de déclarer remboursables, mais irréductibles. Je viens donc proposer aux chambres d'en faire l'objet d'une loi qui associerait les rentiers aux propriétaires du sol, dans leur intérêt commun et celui de la France, pour qu'elle soit riche, puissante et redevienne l'avant-garde pacifique de la civilisation du monde.

A l'appui de cette pétition, j'ai l'honneur de mettre

sous vos yeux, Messieurs, un court Mémoire, fruit des mes travaux depuis cinquante-cinq ans.

Puisse la lecture de ce travail déterminer les chambres, soit à provoquer, de la part du gouvernement, une proposition de loi, dans ce but, soit à en faire l'objet de leur initiative.

Veuillez agréer, Messieurs les Pairs et les Députés, l'assurance du respectueux dévouement de votre très-humble serviteur,

CORRADI COLLIÈRE, de Bonifacio,

Ancien agent principal des finances et des subsistances aux armées.

La solution complexe d'aujourd'hui est la même que celle qui a été déjà donnée par l'auteur à la page 17 de l'opuscule distribué à MM. les Pairs, sous le titre *de la Chambre des Pairs et les Ministres*, la veille de l'apparition du ministère *Polignac*. Depuis lors les ministres ont-ils eu plus que le temps de se défendre? Si, par un de ces hasards, qui font changer les dynasties, et crever les fusils dirigés sur les rois, si, par un de ces hasards pour les uns, et avertissements pour les autres, la loi qu'exige la Banque nationale d'agriculture, sur les 5 p. 0/0, était votée, nous ne demanderions plus qu'une seule

chose : ce serait que trois de MM. les députés juris-
consultes , et connus pour représenter la grande, la
moyenne et la petite propriétés , voulussent bien
accepter d'être les chefs du contentieux de ce vaste
établissement , pour en arrêter les statuts comme ils
l'en entendraient (il y en a déjà d'imprimés depuis
quinze ans) ; et qu'ensuite ils suppliassent le roi de
désigner M. le comte de Gasparin et M. de Lamartine, pour gouverneurs ou président et vice-président
de cette Banque nationale d'agriculture ou tout autre
personnage ayant la connaissance, comme eux, des
grands besoins de l'agriculture française.

Quant aux administrateurs de la Banque, ils seraient nommés par les propriétaires de 5 francs de
rentes, à leur première réunion à Paris.

www.ingramcontent.com/pod-product-compliance
Lightning Source LLC
Chambersburg PA
CBHW050742070726
47597CB00009B/4033